TRANZLATY

Sprache ist für alle da

Jazyk je pro každého

Die Schöne und das Biest

Kráska a Zvíře

Gabrielle-Suzanne Barbot de Villeneuve

Deutsch / Čeština

Copyright © 2025 Tranzlaty
All rights reserved
Published by Tranzlaty
ISBN: 978-1-80572-005-8
Original text by Gabrielle-Suzanne Barbot de Villeneuve
La Belle et la Bête
First published in French in 1740
Taken from The Blue Fairy Book (Andrew Lang)
Illustration by Walter Crane
www.tranzlaty.com

Es war einmal ein reicher Kaufmann
Byl jednou jeden bohatý kupec
dieser reiche Kaufmann hatte sechs Kinder
tento bohatý obchodník měl šest dětí
Er hatte drei Söhne und drei Töchter
měl tři syny a tři dcery
Er hat keine Kosten für ihre Ausbildung gescheut
nešetřil náklady na jejich vzdělání
weil er ein vernünftiger Mann war
protože to byl rozumný muž
aber er gab seinen Kindern viele Diener
ale svým dětem dal mnoho služebníků
seine Töchter waren überaus hübsch
jeho dcery byly nesmírně krásné
und seine jüngste Tochter war besonders hübsch
a jeho nejmladší dcera byla obzvlášť hezká
Schon als Kind wurde ihre Schönheit bewundert
už jako dítě byla její krása obdivována
und die Leute nannten sie nach ihrer Schönheit
a lidé ji nazývali podle její krásy
Ihre Schönheit verblasste nicht, als sie älter wurde
její krása se s přibývajícím věkem nevytratila
Deshalb nannten die Leute sie weiterhin wegen ihrer Schönheit
tak ji lidé neustále nazývali její krásou
das machte ihre Schwestern sehr eifersüchtig
to způsobilo, že její sestry velmi žárlily
Die beiden ältesten Töchter waren sehr stolz
dvě nejstarší dcery byly velmi hrdé
Ihr Reichtum war die Quelle ihres Stolzes
jejich bohatství bylo zdrojem jejich hrdosti
und sie verbargen ihren Stolz nicht
a ani oni neskrývali svou hrdost
Sie besuchten nicht die Töchter anderer Kaufleute
nenavštěvovali dcery jiných obchodníků
weil sie nur mit Aristokraten zusammentreffen

protože se setkávají pouze s aristokracií
Sie gingen jeden Tag zu Partys
chodili každý den na večírky
Bälle, Theaterstücke, Konzerte usw.
plesy, hry, koncerty a tak dále
und sie lachten über ihre jüngste Schwester
a smáli se své nejmladší sestře
weil sie die meiste Zeit mit Lesen verbrachte
protože většinu času trávila čtením
Es war allgemein bekannt, dass sie reich waren
bylo dobře známo, že jsou bohatí
so hielten mehrere bedeutende Kaufleute um ihre Hand an
tak je několik významných obchodníků požádalo o ruku
aber sie sagten, sie würden nicht heiraten
ale řekli, že se nebudou brát
aber sie waren bereit, einige Ausnahmen zu machen
ale byli připraveni udělat nějaké výjimky
„Vielleicht könnte ich einen Herzog heiraten"
„Možná bych si mohl vzít vévodu"
„Ich schätze, ich könnte einen Grafen heiraten"
"Myslím, že bych si mohla vzít hraběte"
Schönheit dankte sehr höflich denen, die ihr einen Antrag gemacht hatten
kráska velmi zdvořile poděkovala těm, kteří ji požádali o ruku
Sie sagte ihnen, sie sei noch zu jung zum Heiraten
řekla jim, že je ještě příliš mladá na to, aby se vdala
Sie wollte noch ein paar Jahre bei ihrem Vater bleiben
chtěla ještě pár let zůstat se svým otcem
Auf einmal verlor der Kaufmann sein Vermögen
Obchodník najednou přišel o své jmění
er verlor alles außer einem kleinen Landhaus
přišel o všechno kromě malého venkovského domu
und er sagte seinen Kindern mit Tränen in den Augen:
a řekl svým dětem se slzami v očích:
„Wir müssen aufs Land gehen"
"musíme jít na venkov"

„und wir müssen für unseren Lebensunterhalt arbeiten"
"a my musíme pracovat pro naše živobytí"
die beiden ältesten Töchter wollten die Stadt nicht verlassen
dvě nejstarší dcery nechtěly opustit město
Sie hatten mehrere Liebhaber in der Stadt
měli ve městě několik milenců
und sie waren sicher, dass einer ihrer Liebhaber sie heiraten würde
a byli si jisti, že si je jeden z jejich milenců vezme
Sie dachten, ihre Liebhaber würden sie heiraten, auch wenn sie kein Vermögen hätten
mysleli si, že si je jejich milenci vezmou i bez jmění
aber die guten Damen haben sich geirrt
ale dobré dámy se mýlily
Ihre Liebhaber verließen sie sehr schnell
jejich milenci je velmi rychle opustili
weil sie kein Vermögen mehr hatten
protože už neměli žádné jmění
das zeigte, dass sie nicht wirklich beliebt waren
to ukázalo, že nebyli ve skutečnosti příliš oblíbení
alle sagten, sie verdienen kein Mitleid
všichni říkali, že si nezaslouží být litováni
„Wir sind froh, dass ihr Stolz gedemütigt wurde"
"jsme rádi, že vidíme pokořenou jejich hrdost"
„Lasst sie stolz darauf sein, Kühe zu melken"
"ať jsou hrdí na dojení krav"
aber sie waren um Schönheit besorgt
ale šlo jim o krásu
sie war so ein süßes Geschöpf
byla tak milé stvoření
Sie sprach so freundlich zu armen Leuten
mluvila tak laskavě k chudým lidem
und sie war von solch unschuldiger Natur
a byla tak nevinné povahy
Mehrere Herren hätten sie geheiratet
Několik pánů by si ji vzalo

Sie hätten sie geheiratet, obwohl sie arm war
vzali by si ji, i když byla chudá
aber sie sagte ihnen, sie könne sie nicht heiraten
ale řekla jim, že si je nemůže vzít
weil sie ihren Vater nicht verlassen wollte
protože svého otce neopustí
sie war entschlossen, mit ihm aufs Land zu fahren
byla odhodlaná jít s ním na venkov
damit sie ihn trösten und ihm helfen konnte
aby ho mohla utěšit a pomoci
Die arme Schönheit war zunächst sehr betrübt
Ubohá kráska byla zpočátku velmi zarmoucená
sie war betrübt über den Verlust ihres Vermögens
byla zarmoucena ztrátou svého jmění
„Aber Weinen wird mein Schicksal nicht ändern"
"ale pláč nezmění mé štěstí"
„Ich muss versuchen, ohne Reichtum glücklich zu sein"
"Musím se snažit být šťastný bez bohatství"
Sie kamen zu ihrem Landhaus
přišli do svého venkovského domu
und der Kaufmann und seine drei Söhne widmeten sich der Landwirtschaft
a obchodník a jeho tři synové se věnovali hospodaření
Schönheit stand um vier Uhr morgens auf
krása vstávala ve čtyři ráno
und sie beeilte sich, das Haus zu putzen
a spěchala uklidit dům
und sie sorgte dafür, dass das Abendessen fertig war
a ujistila se, že večeře je hotová
ihr neues Leben fiel ihr zunächst sehr schwer
na začátku měla svůj nový život velmi těžký
weil sie diese Arbeit nicht gewohnt war
protože na takovou práci nebyla zvyklá
aber in weniger als zwei Monaten wurde sie stärker
ale za necelé dva měsíce zesílila
und sie war gesünder als je zuvor

a byla zdravější než kdykoli předtím
nachdem sie ihre arbeit erledigt hatte, las sie
poté, co udělala svou práci, četla
sie spielte Cembalo
hrála na cembalo
oder sie sang, während sie Seide spann
nebo zpívala, když předla hedvábí
im Gegenteil, ihre beiden Schwestern wussten nicht, wie sie ihre Zeit verbringen sollten
naopak její dvě sestry nevěděly, jak trávit čas
Sie standen um zehn auf und taten den ganzen Tag nichts anderes als herumzufaulenzen
vstávali v deset a celý den nedělali nic jiného než lenošení
Sie beklagten den Verlust ihrer schönen Kleider
naříkali nad ztrátou svých krásných šatů
und sie beklagten sich über den Verlust ihrer Bekannten
a stěžovali si na ztrátu svých známých
„Schau dir unsere jüngste Schwester an", sagten sie zueinander
"Podívejte se na naši nejmladší sestru," řekli si
„Was für ein armes und dummes Geschöpf sie ist"
"jaké ubohé a hloupé stvoření to je"
„Es ist gemein, mit so wenig zufrieden zu sein"
"Je podlé spokojit se s tak málo"
der freundliche Kaufmann war ganz anderer Meinung
ten druh obchodníka byl zcela jiného názoru
er wusste sehr wohl, dass Schönheit ihre Schwestern übertraf
dobře věděl, že krása převyšuje její sestry
Sie übertraf sie sowohl charakterlich als auch geistig
převyšovala je charakterem i myslí
er bewunderte ihre Bescheidenheit und ihre harte Arbeit
obdivoval její pokoru a tvrdou práci
aber am meisten bewunderte er ihre Geduld
ale nejvíc ze všeho obdivoval její trpělivost
Ihre Schwestern überließen ihr die ganze Arbeit

její sestry jí nechaly veškerou práci
und sie beleidigten sie ständig
a každou chvíli ji uráželi
Die Familie hatte etwa ein Jahr lang so gelebt
Rodina takto žila asi rok
dann bekam der Kaufmann einen Brief von einem Buchhalter
pak obchodník dostal dopis od účetního
er hatte in ein Schiff investiert
měl investici do lodi
und das Schiff war sicher angekommen
a loď bezpečně dorazila
diese Nachricht ließ die beiden ältesten Töchter staunen
Tato zpráva obrátila hlavy dvou nejstarších dcer
Sie hatten sofort die Hoffnung, in die Stadt zurückzukehren
okamžitě měli naději na návrat do města
weil sie des Landlebens überdrüssig waren
protože byli dost unavení venkovským životem
Sie gingen zu ihrem Vater, als er ging
šli k otci, když odcházel
Sie baten ihn, ihnen neue Kleider zu kaufen
prosili ho, aby jim koupil nové šaty
Kleider, Bänder und allerlei Kleinigkeiten
šaty, stuhy a všechny možné drobnosti
aber die Schönheit verlangte nichts
ale krása si nic nepřála
weil sie dachte, das Geld würde nicht reichen
protože si myslela, že peníze nebudou stačit
es würde nicht reichen, um alles zu kaufen, was ihre Schwestern wollten
nebylo by dost na to, aby si koupila všechno, co její sestry chtěly
„Was möchtest du, Schönheit?", fragte ihr Vater
"Co bys chtěla, krásko?" zeptal se její otec
"Danke, Vater, dass du so nett bist, an mich zu denken", sagte sie

"Děkuji ti, otče, za to, že jsi na mě myslel," řekla
„Vater, sei so freundlich und bring mir eine Rose mit"
"Otče, buď tak laskav a přines mi růži"
„weil hier im Garten keine Rosen wachsen"
"Protože tady v zahradě žádné růže nerostou"
„und Rosen sind eine Art Rarität"
"a růže jsou druh vzácnosti"
Schönheit mochte Rosen nicht wirklich
kráska se o růže opravdu nestarala
sie bat nur um etwas, um ihre Schwestern nicht zu verurteilen
požádala jen o něco, aby neodsoudila své sestry
aber ihre Schwestern dachten, sie hätte aus anderen Gründen nach Rosen gefragt
ale její sestry si myslely, že žádá o růže z jiných důvodů
„Sie hat es nur getan, um besonders auszusehen"
"udělala to jen proto, aby vypadala zvlášť"
Der freundliche Mann machte sich auf die Reise
Laskavý muž se vydal na cestu
aber als er ankam, stritten sie über die Ware
ale když dorazil, dohadovali se o zboží
und nach viel Ärger kam er genauso arm zurück wie zuvor
a po mnoha potížích se vrátil stejně chudý jako předtím
er war nur ein paar Stunden von seinem eigenen Haus entfernt
byl během několika hodin od svého domu
und er stellte sich schon die Freude vor, seine Kinder zu sehen
a už si představoval tu radost, že vidí své děti
aber als er durch den Wald ging, verirrte er sich
ale když šel lesem, ztratil se
es hat furchtbar geregnet und geschneit
strašně pršelo a sněžilo
der Wind war so stark, dass er ihn vom Pferd warf
vítr byl tak silný, že ho shodil z koně
und die Nacht kam schnell

a noc se rychle blížila
er begann zu glauben, er müsse verhungern
začal si myslet, že by mohl hladovět
und er dachte, er könnte erfrieren
a myslel si, že by mohl umrznout k smrti
und er dachte, Wölfe könnten ihn fressen
a myslel si, že ho mohou sežrat vlci
die Wölfe, die er um sich herum heulen hörte
vlci, které slyšel vytí všude kolem sebe
aber plötzlich sah er ein Licht
ale najednou uviděl světlo
er sah das Licht in der Ferne durch die Bäume
viděl světlo v dálce mezi stromy
als er näher kam, sah er, dass das Licht ein Palast war
když se přiblížil, viděl, že světlo je palác
der Palast war von oben bis unten beleuchtet
palác byl osvětlen shora dolů
Der Kaufmann dankte Gott für sein Glück
obchodník děkoval Bohu za štěstí
und er eilte zum Palast
a spěchal do paláce
aber er war überrascht, keine Leute im Palast zu sehen
ale překvapilo ho, že v paláci neviděl žádné lidi
der Hof war völlig leer
dvůr byl úplně prázdný
und nirgendwo ein Lebenszeichen
a nikde nebylo ani stopy po životě
sein Pferd folgte ihm in den Palast
jeho kůň ho následoval do paláce
und dann fand sein Pferd großen Stall
a pak jeho kůň našel velkou stáj
das arme Tier war fast verhungert
ubohé zvíře téměř vyhladovělo
also ging sein Pferd hinein, um Heu und Hafer zu finden
tak jeho kůň šel najít seno a oves
zum Glück fand er reichlich zu essen

naštěstí našel spoustu jídla
und der Kaufmann band sein Pferd an die Krippe
a kupec přivázal koně k jesličkám
Als er zum Haus ging, sah er niemanden
když šel k domu, nikoho neviděl
aber in einer großen Halle fand er ein gutes Feuer
ale ve velkém sále našel dobrý oheň
und er fand einen Tisch für eine Person gedeckt
a našel stůl pro jednoho
er war nass vom Regen und Schnee
byl mokrý od deště a sněhu
Also ging er zum Feuer, um sich abzutrocknen
tak se přiblížil k ohni, aby se osušil
„Ich hoffe, der Hausherr entschuldigt mich"
"Doufám, že mě pán domu omluví."
„Ich schätze, es wird nicht lange dauern, bis jemand auftaucht."
"Předpokládám, že to nebude trvat dlouho, než se někdo objeví."
Er wartete eine beträchtliche Zeit
Čekal značnou dobu
er wartete, bis es elf schlug, und noch immer kam niemand
čekal, až udeří jedenáctá, a stále nikdo nepřicházel
Schließlich war er so hungrig, dass er nicht länger warten konnte
konečně měl takový hlad, že už nemohl čekat
er nahm ein Hühnchen und aß es in zwei Bissen
vzal si kuře a snědl ho po dvou soustech
er zitterte beim Essen
při jídle se třásl
danach trank er ein paar Gläser Wein
poté vypil několik sklenic vína
Er wurde mutiger und verließ den Saal
čím dál odvážnější vyšel ze sálu
und er durchquerte mehrere große Hallen
a prošel několika velkými síněmi

Er ging durch den Palast, bis er in eine Kammer kam
prošel palácem, až vešel do komnaty
eine Kammer, in der sich ein überaus gutes Bett befand
komora, která měla v sobě mimořádně dobrou postel
er war von der Tortur sehr erschöpft
byl ze svého utrpení velmi unavený
und es war schon nach Mitternacht
a čas už byl po půlnoci
also beschloss er, dass es das Beste sei, die Tür zu schließen
tak se rozhodl, že bude nejlepší zavřít dveře
und er beschloss, dass er zu Bett gehen sollte
a usoudil, že by měl jít spát
Es war zehn Uhr morgens, als der Kaufmann aufwachte
Bylo deset hodin ráno, když se obchodník probudil
gerade als er aufstehen wollte, sah er etwas
právě když se chystal vstát, něco uviděl
er war erstaunt, saubere Kleidung zu sehen
byl ohromen, když viděl čisté oblečení
an der Stelle, wo er seine schmutzigen Kleider
zurückgelassen hatte
na místě, kde nechal své špinavé oblečení
"Mit Sicherheit gehört dieser Palast einer netten Fee"
"určitě tento palác patří nějaké laskavé víle"
„eine Fee, die mich gesehen und bemitleidet hat"
" Víla , která mě viděla a litovala mě"
er sah durch ein Fenster
podíval se oknem
aber statt Schnee sah er den herrlichsten Garten
ale místo sněhu viděl tu nejkrásnější zahradu
und im Garten waren die schönsten Rosen
a v zahradě byly ty nejkrásnější růže
dann kehrte er in die große Halle zurück
pak se vrátil do velkého sálu
der Saal, in dem er am Abend zuvor Suppe gegessen hatte
sál, kde měl předešlou noc polévku
und er fand etwas Schokolade auf einem kleinen Tisch

a na malém stolku našel trochu čokolády
„Danke, liebe Frau Fee", sagte er laut
"Děkuji, dobrá madam Fairy," řekl nahlas
„Danke für Ihre Fürsorge"
"děkuji, že se tak staráš"
„Ich bin Ihnen für all Ihre Gefälligkeiten äußerst dankbar"
"Jsem vám nesmírně zavázán za veškerou vaši přízeň"
Der freundliche Mann trank seine Schokolade
laskavý muž vypil svou čokoládu
und dann ging er sein Pferd suchen
a pak šel hledat svého koně
aber im Garten erinnerte er sich an die Bitte der Schönheit
ale v zahradě si vzpomněl na prosbu krásy
und er schnitt einen Rosenzweig ab
a uřízl větev růží
sofort hörte er ein lautes Geräusch
okamžitě uslyšel velký hluk
und er sah ein furchtbar furchtbares Tier
a uviděl strašně děsivé zvíře
er war so erschrocken, dass er kurz davor war, ohnmächtig zu werden
byl tak vyděšený, že byl připraven omdlít
„Du bist sehr undankbar", sagte das Tier zu ihm
"Jsi velmi nevděčný," řeklo mu zvíře
und das Tier sprach mit schrecklicher Stimme
a šelma promluvila hrozným hlasem
„Ich habe dein Leben gerettet, indem ich dich in mein Schloss gelassen habe"
"Zachránil jsem ti život tím, že jsem tě dovolil do svého hradu."
"und dafür stiehlst du mir im Gegenzug meine Rosen?"
"a za to mi na oplátku kradeš růže?"
„Die Rosen sind für mich mehr wert als alles andere"
"Růže, kterých si cením nade vše"
„Aber du wirst für das, was du getan hast, sterben"
"ale zemřeš za to, co jsi udělal"

„Ich gebe Ihnen nur eine Viertelstunde, um sich vorzubereiten"
"Dávám ti čtvrt hodiny na přípravu."
„Bereiten Sie sich auf den Tod vor und sprechen Sie Ihre Gebete"
"připrav se na smrt a řekni své modlitby"
der Kaufmann fiel auf die Knie
obchodník padl na kolena
und er hob beide Hände
a zvedl obě ruce
„Mein Herr, ich flehe Sie an, mir zu vergeben"
"Můj pane, prosím tě, odpusť mi"
„Ich hatte nicht die Absicht, Sie zu beleidigen"
"Neměl jsem v úmyslu tě urazit"
„Ich habe für eine meiner Töchter eine Rose gepflückt"
"Sbíral jsem růži pro jednu ze svých dcer"
„Sie bat mich, ihr eine Rose mitzubringen"
"požádala mě, abych jí přinesl růži"
„Ich bin nicht euer Herr, sondern ein Tier", antwortete das Monster
"Nejsem tvůj pán, ale jsem zvíře," odpovědělo monstrum
„Ich mag keine Komplimente"
"Nemám rád komplimenty"
„Ich mag Menschen, die so sprechen, wie sie denken"
"Mám rád lidi, kteří mluví, jak myslí"
„glauben Sie nicht, dass ich durch Schmeicheleien bewegt werden kann"
"Nepředstavujte si, že mě mohou pohnout lichotkami"
„Aber Sie sagen, Sie haben Töchter"
"Ale říkáš, že máš dcery"
„Ich werde dir unter einer Bedingung vergeben"
"Odpustím ti pod jednou podmínkou"
„Eine deiner Töchter muss freiwillig in meinen Palast kommen"
"jedna z tvých dcer musí dobrovolně přijít do mého paláce"
"und sie muss für dich leiden"

"a ona musí trpět pro tebe"
„Gib mir Dein Wort"
"Dej mi své slovo"
„Und dann können Sie Ihren Geschäften nachgehen"
"a pak se můžeš věnovat své práci"
„Versprich mir das:"
"Slib mi toto:"
„Wenn Ihre Tochter sich weigert, für Sie zu sterben, müssen Sie innerhalb von drei Monaten zurückkehren"
"Pokud vaše dcera odmítne pro vás zemřít, musíte se vrátit do tří měsíců."
der Kaufmann hatte nicht die Absicht, seine Töchter zu opfern
obchodník neměl v úmyslu obětovat své dcery
aber da ihm Zeit gegeben wurde, wollte er seine Töchter noch einmal sehen
ale protože dostal čas, chtěl své dcery ještě jednou vidět
also versprach er, dass er zurückkehren würde
tak slíbil, že se vrátí
und das Tier sagte ihm, er könne aufbrechen, wann er wolle
a šelma mu řekla, že může vyrazit, až bude chtít
und das Tier erzählte ihm noch etwas
a šelma mu řekla ještě jednu věc
„Du sollst nicht mit leeren Händen gehen"
"neodjedeš s prázdnou"
„Geh zurück in das Zimmer, in dem du lagst"
"Vrať se do pokoje, kde jsi ležel"
„Sie werden eine große leere Schatzkiste sehen"
"uvidíte velkou prázdnou truhlu s pokladem"
„Fülle die Schatzkiste mit allem, was Dir am besten gefällt"
"naplňte truhlu s pokladem tím, co máte nejraději"
„und ich werde die Schatzkiste zu Dir nach Hause schicken"
"a pošlu pokladničku k tobě domů"
und gleichzeitig zog sich das Tier zurück
a zároveň se bestie stáhla
„Nun", sagte sich der gute Mann

"No," řekl si ten dobrý muž
„Wenn ich sterben muss, werde ich meinen Kindern wenigstens etwas hinterlassen"
"Pokud musím zemřít, zanechám alespoň něco svým dětem"
so kehrte er ins Schlafzimmer zurück
tak se vrátil do ložnice
und er fand sehr viele Goldstücke
a našel velké množství zlata
er füllte die Schatzkiste, die das Tier erwähnt hatte
naplnil truhlu s pokladem, o které se zmiňovalo zvíře
und er holte sein Pferd aus dem Stall
a vyvedl svého koně ze stáje
die Freude, die er beim Betreten des Palastes empfand, war nun genauso groß wie die Trauer, die er beim Verlassen des Palastes empfand
radost, kterou cítil, když vstoupil do paláce, se nyní rovnala smutku, který cítil při odchodu z paláce
Das Pferd nahm einen der Wege im Wald
kůň se vydal jednou z lesních cest
und in wenigen Stunden war der gute Mann zu Hause
a za pár hodin byl dobrý muž doma
seine Kinder kamen zu ihm
přišly k němu jeho děti
aber anstatt ihre Umarmungen mit Freude entgegenzunehmen, sah er sie an
ale místo toho, aby s potěšením přijal jejich objetí, podíval se na ně
er hielt den Ast hoch, den er in den Händen hielt
zvedl větev, kterou měl v rukou
und dann brach er in Tränen aus
a pak propukl v pláč
„Schönheit", sagte er, „nimm bitte diese Rosen"
"krása," řekl, "vezmi si prosím ty růže"
„Sie können nicht wissen, wie teuer diese Rosen waren"
"Nemůžeš vědět, jak drahé ty růže byly"
„Diese Rosen haben deinen Vater das Leben gekostet"

"tyto růže stály tvého otce život"
und dann erzählte er von seinem tödlichen Abenteuer
a pak vyprávěl o svém osudném dobrodružství
Sofort schrien die beiden ältesten Schwestern
okamžitě vykřikly dvě nejstarší sestry
und sie sagten viele gemeine Dinge zu ihrer schönen Schwester
a své krásné sestře řekli mnoho podlých věcí
aber die Schönheit weinte überhaupt nicht
ale krása vůbec neplakala
„Seht euch den Stolz dieses kleinen Schurken an", sagten sie
"Podívejte se na hrdost toho malého ubožáka," řekli
„Sie hat nicht nach schönen Kleidern gefragt"
"nežádala o pěkné oblečení"
„Sie hätte tun sollen, was wir getan haben"
"měla udělat to, co my"
„Sie wollte sich hervortun"
"chtěla se odlišit"
„so wird sie nun den Tod unseres Vaters bedeuten"
"takže ona bude smrtí našeho otce"
„und doch vergießt sie keine Träne"
"a přesto neronila slzu"
"Warum sollte ich weinen?", antwortete die Schönheit
"Proč bych měl plakat?" odpověděl krása
„Weinen wäre völlig unnötig"
"plakat by bylo velmi zbytečné"
„Mein Vater wird nicht für mich leiden"
"Můj otec pro mě nebude trpět"
„Das Monster wird eine seiner Töchter akzeptieren"
"monstrum přijme jednu ze svých dcer"
„Ich werde mich seiner ganzen Wut aussetzen"
"Nabídnu se celé jeho zuřivosti"
„Ich bin sehr glücklich, denn mein Tod wird das Leben meines Vaters retten"
"Jsem velmi šťastný, protože moje smrt zachrání život mého

otce."
„**Mein Tod wird ein Beweis meiner Liebe sein**"
"Moje smrt bude důkazem mé lásky"
„**Nein, Schwester**", sagten ihre drei Brüder
"Ne, sestro," řekli její tři bratři
„**das darf nicht sein**"
"to nebude"
„**Wir werden das Monster finden**"
"Půjdeme najít monstrum"
"**und entweder wir werden ihn töten...**"
"A buď ho zabijeme..."
„**... oder wir werden bei dem Versuch umkommen**"
"... nebo při tom pokusu zahyneme"
„**Stellt euch nichts dergleichen vor, meine Söhne**", sagte der Kaufmann
"Nic takového si nepředstavujte, moji synové," řekl obchodník
„**Die Kraft des Biests ist so groß, dass ich keine Hoffnung habe, dass Ihr es besiegen könntet.**"
"Síla toho zvířete je tak velká, že nemám naději, že bys ho mohl překonat."
„**Ich bin entzückt von dem freundlichen und großzügigen Angebot der Schönheit**"
"Jsem okouzlen laskavou a velkorysou nabídkou krásy"
„**aber ich kann ihre Großzügigkeit nicht annehmen**"
"ale nemohu přijmout její štědrost"
„**Ich bin alt und habe nicht mehr lange zu leben**"
"Jsem starý a už mi nebude dlouho žít"
„**also kann ich nur ein paar Jahre verlieren**"
"takže můžu ztratit jen pár let"
„**Zeit, die ich für euch bereue, meine lieben Kinder**"
"čas, kterého pro vás lituji, mé drahé děti"
„**Aber Vater**", sagte die Schönheit
"Ale tati," řekla kráska
„**Du sollst nicht ohne mich in den Palast gehen**"
"beze mě nepůjdeš do paláce"
„**Du kannst mich nicht davon abhalten, dir zu folgen**"

"nemůžeš mi zabránit, abych tě sledoval"
nichts könnte Schönheit vom Gegenteil überzeugen
nic nemohlo přesvědčit krásu jinak
Sie bestand darauf, in den schönen Palast zu gehen
trvala na tom, že půjde do nádherného paláce
und ihre Schwestern waren erfreut über ihre Beharrlichkeit
a její sestry byly potěšeny jejím naléháním
Der Kaufmann war besorgt bei dem Gedanken, seine Tochter zu verlieren
Obchodník byl znepokojen pomyšlením, že ztratí svou dceru
er war so besorgt, dass er die Truhe voller Gold vergessen hatte
měl takové starosti, že zapomněl na truhlu plnou zlata
Abends begab er sich zur Ruhe und schloss die Tür seines Zimmers.
v noci se uchýlil k odpočinku a zavřel dveře své komnaty
Dann fand er zu seinem großen Erstaunen den Schatz neben seinem Bett.
pak ke svému velkému úžasu našel poklad u své postele
er war entschlossen, es seinen Kindern nicht zu erzählen
byl rozhodnutý, že to svým dětem neřekne
Wenn sie es gewusst hätten, wären sie in die Stadt zurückgekehrt
kdyby to věděli, chtěli by se vrátit do města
und er war entschlossen, das Land nicht zu verlassen
a rozhodl se neopustit venkov
aber er vertraute der Schönheit das Geheimnis
ale svěřil kráse s tajemstvím
Sie teilte ihm mit, dass zwei Herren gekommen seien
oznámila mu, že přišli dva pánové
und sie machten ihren Schwestern einen Heiratsantrag
a předkládaly návrhy jejím sestrám
Sie bat ihren Vater, ihrer Heirat zuzustimmen
prosila svého otce, aby souhlasil s jejich sňatkem
und sie bat ihn, ihnen etwas von seinem Vermögen zu geben

a požádala ho, aby jim dal část svého jmění
sie hatte ihnen bereits vergeben
už jim odpustila
Die bösen Kreaturen rieben ihre Augen mit Zwiebeln
zlí tvorové si třeli oči cibulí
um beim Abschied von der Schwester ein paar Tränen zu vergießen
vynutit si slzy, když se loučili se svou sestrou
aber ihre Brüder waren wirklich besorgt
ale její bratři měli opravdu obavy
Schönheit war die einzige, die keine Tränen vergoss
kráska jediná neronila slzy
sie wollte ihr Unbehagen nicht vergrößern
nechtěla zvyšovat jejich neklid
Das Pferd nahm den direkten Weg zum Palast
kůň se vydal přímou cestou do paláce
und gegen Abend sahen sie den erleuchteten Palast
a k večeru spatřili osvětlený palác
das Pferd begab sich wieder in den Stall
kůň se znovu zavedl do stáje
und der gute Mann und seine Tochter gingen in die große Halle
a dobrý muž a jeho dcera šli do velké síně
hier fanden sie einen herrlich gedeckten Tisch
zde našli skvěle naservírovaný stůl
der Kaufmann hatte keinen Appetit zu essen
obchodník neměl chuť k jídlu
aber die Schönheit bemühte sich, fröhlich zu erscheinen
ale kráska se snažila působit vesele
sie setzte sich an den Tisch und half ihrem Vater
posadila se ke stolu a pomohla otci
aber sie dachte auch bei sich:
ale také si pomyslela:
„Das Biest will mich sicher mästen, bevor es mich frisst"
"zvíře mě určitě chce vykrmit, než mě sežere"
„deshalb sorgt er für so viel Unterhaltung"

"proto poskytuje tak bohatou zábavu"
Nachdem sie gegessen hatten, hörten sie ein großes Geräusch
když se najedli, uslyšeli velký hluk
und der Kaufmann verabschiedete sich mit Tränen in den Augen von seinem unglücklichen Kind
a obchodník se se slzami v očích rozloučil se svým nešťastným dítětem
weil er wusste, dass das Biest kommen würde
protože věděl, že bestie přichází
Die Schönheit war entsetzt über seine schreckliche Gestalt
kráska se děsila jeho příšerné podoby
aber sie nahm ihren Mut zusammen, so gut sie konnte
ale sebrala odvahu, jak jen mohla
und das Monster fragte sie, ob sie freiwillig mitkäme
a netvor se jí zeptal, jestli přišla dobrovolně
"ja, ich bin freiwillig gekommen", sagte sie zitternd
"Ano, přišla jsem dobrovolně," řekla třesoucí se
Das Tier antwortete: „Du bist sehr gut"
zvíře odpovědělo: "Jsi velmi dobrý"
„und ich bin Ihnen zu großem Dank verpflichtet, ehrlicher Mann"
"A jsem ti velmi zavázán, čestný člověče"
„Geht morgen früh eure Wege"
"jdi svou cestou zítra ráno"
„aber denk nie daran, wieder hierher zu kommen"
"ale nikdy nepřemýšlej, že sem znovu přijdu"
„Lebe wohl, Schönheit, lebe wohl, Biest", antwortete er
"Sbohem krásko, sbohem zvíře," odpověděl
und sofort zog sich das Monster zurück
a netvor se okamžitě stáhl
"Oh, Tochter", sagte der Kaufmann
"Ach, dcero," řekl obchodník
und er umarmte seine Tochter noch einmal
a ještě jednou objal svou dceru
„Ich habe fast Todesangst"

"Jsem skoro k smrti vyděšený"
„glauben Sie mir, Sie sollten lieber zurückgehen"
"Věř mi, radši se vrať."
„Lass mich hier bleiben, statt dir"
"nech mě zůstat tady místo tebe"
„Nein, Vater", sagte die Schönheit entschlossen
"Ne, otče," řekla kráska rozhodným tónem
„Du sollst morgen früh aufbrechen"
"vyrazíš zítra ráno"
„überlasse mich der Obhut und dem Schutz der Vorsehung"
"Přenech mě péči a ochraně prozřetelnosti"
trotzdem gingen sie zu Bett
přesto šli spát
Sie dachten, sie würden die ganze Nacht kein Auge zutun
mysleli si, že celou noc nezamhouří oči
aber als sie sich hinlegten, schliefen sie ein
ale když si lehli, spali
Die Schönheit träumte, eine schöne Dame kam und sagte zu ihr:
kráska snila, že přišla krásná dáma a řekla jí:
„Ich bin zufrieden, Schönheit, mit deinem guten Willen"
"Jsem spokojen, krásko, s tvou dobrou vůlí"
„Diese gute Tat von Ihnen wird nicht unbelohnt bleiben"
"tento tvůj dobrý čin nezůstane bez odměny"
Die Schöne erwachte und erzählte ihrem Vater ihren Traum
kráska se probudila a řekla otci svůj sen
der Traum tröstete ihn ein wenig
sen ho trochu utěšil
aber er konnte nicht anders, als bitterlich zu weinen, als er ging
ale nemohl se ubránit hořkému pláči, když odcházel
Sobald er weg war, setzte sich Schönheit in die große Halle und weinte ebenfalls
jakmile byl pryč, kráska se posadila do velkého sálu a rozplakala se také
aber sie beschloss, sich keine Sorgen zu machen

ale rozhodla se, že nebude neklidná
Sie beschloss, in der kurzen Zeit, die ihr noch zu leben blieb, stark zu sein
rozhodla se být silná na tu krátkou dobu, která jí zbývala do života
weil sie fest davon überzeugt war, dass das Biest sie fressen würde
protože pevně věřila, že ji bestie sežere
Sie dachte jedoch, sie könnte genauso gut den Palast erkunden
myslela si však, že by mohla prozkoumat i palác
und sie wollte das schöne Schloss besichtigen
a chtěla si prohlédnout krásný zámek
ein Schloss, das sie bewundern musste
hrad, který nemohla neobdivovat
Es war ein wunderbar angenehmer Palast
byl to nádherně příjemný palác
und sie war äußerst überrascht, als sie eine Tür sah
a byla nesmírně překvapená, když viděla dveře
und über der Tür stand, dass es ihr Zimmer sei
a nad dveřmi bylo napsáno, že je to její pokoj
sie öffnete hastig die Tür
spěšně otevřela dveře
und sie war ganz geblendet von der Pracht des Raumes
a byla docela oslněna velkolepostí pokoje
was ihre Aufmerksamkeit vor allem auf sich zog, war eine große Bibliothek
co upoutalo její pozornost především, byla velká knihovna
ein Cembalo und mehrere Notenbücher
cembalo a několik hudebních knih
„Nun", sagte sie zu sich selbst
"No," řekla si pro sebe
„Ich sehe, das Biest wird meine Zeit nicht verstreichen lassen"
"Vidím, že bestie nenechá můj čas viset těžký"
dann dachte sie über ihre Situation nach

pak se zamyslela nad svou situací
„Wenn ich einen Tag bleiben sollte, wäre das alles nicht hier"
"Kdybych měl zůstat jeden den, tohle všechno by tu nebylo"
diese Überlegung gab ihr neuen Mut
tato úvaha ji inspirovala čerstvou odvahou
und sie nahm ein Buch aus ihrer neuen Bibliothek
a vzala si knihu ze své nové knihovny
und sie las diese Worte in goldenen Buchstaben:
a přečetla tato slova zlatým písmem:
„Begrüße Schönheit, vertreibe die Angst"
"Vítej krásko, zažeň strach"
„**Du bist hier Königin und Herrin**"
"Tady jsi královna a milenka"
„Sprich deine Wünsche aus, sprich deinen Willen aus"
"Řekni svá přání, řekni svou vůli"
„Schneller Gehorsam begegnet hier Ihren Wünschen"
"Rychlá poslušnost zde splňuje vaše přání"
"**Ach**", sagte sie mit einem Seufzer
"Běda," řekla s povzdechem
„**Am meisten wünsche ich mir, meinen armen Vater zu sehen**"
"Nejvíc ze všeho si přeji vidět svého ubohého otce"
„**und ich würde gerne wissen, was er tut**"
"a rád bych věděl, co dělá"
Kaum hatte sie das gesagt, bemerkte sie den Spiegel
Jakmile to řekla, všimla si zrcadla
zu ihrem großen Erstaunen sah sie ihr eigenes Zuhause im Spiegel
ke svému velkému úžasu spatřila v zrcadle svůj vlastní domov
Ihr Vater kam emotional erschöpft an
její otec přijel citově vyčerpaný
Ihre Schwestern gingen ihm entgegen
její sestry mu šly naproti
trotz ihrer Versuche, traurig zu wirken, war ihre Freude

sichtbar
navzdory jejich pokusům tvářit se smutně byla jejich radost viditelná
einen Moment später war alles verschwunden
za chvíli vše zmizelo
und auch die Befürchtungen der Schönheit verschwanden
a obavy z krásy zmizely také
denn sie wusste, dass sie dem Tier vertrauen konnte
protože věděla, že té bestii může věřit
Mittags fand sie das Abendessen fertig
V poledne našla večeři připravenou
sie setzte sich an den Tisch
sama se posadila ke stolu
und sie wurde mit einem Musikkonzert unterhalten
a byla pobavena koncertem hudby
obwohl sie niemanden sehen konnte
i když nikoho neviděla
abends setzte sie sich wieder zum Abendessen
v noci zase seděla k večeři
diesmal hörte sie das Geräusch, das das Tier machte
tentokrát zaslechla hluk, který zvíře vydávalo
und sie konnte nicht anders, als Angst zu haben
a neubránila se strachu
"Schönheit", sagte das Monster
"Krása," řekla příšera
"erlaubst du mir, mit dir zu essen?"
"Dovolíš mi jíst s tebou?"
"Mach, was du willst", antwortete die Schönheit zitternd
"Dělej, jak chceš," odpověděla kráska chvějící se
„Nein", antwortete das Tier
"Ne," odpověděla bestie
„Du allein bist hier die Herrin"
"ty jediná jsi tady paní"
„Sie können mich wegschicken, wenn ich Ärger mache"
"Můžeš mě poslat pryč, když ti budu dělat potíže"
„schick mich fort, und ich werde mich sofort zurückziehen"

"pošli mě pryč a já se okamžitě stáhnu"
„Aber sagen Sie mir: Finden Sie mich nicht sehr hässlich?"
"Ale řekni mi, nemyslíš si, že jsem moc ošklivá?"
„Das stimmt", sagte die Schönheit
"To je pravda," řekla kráska
„Ich kann nicht lügen"
"Nemohu lhát"
„aber ich glaube, Sie sind sehr gutmütig"
"Ale věřím, že máš velmi dobrou povahu"
„Das bin ich tatsächlich", sagte das Monster
"Opravdu jsem," řekl netvor
„Aber abgesehen von meiner Hässlichkeit habe ich auch keinen Verstand"
"Ale kromě své ošklivosti nemám ani rozum"
„Ich weiß sehr wohl, dass ich ein dummes Wesen bin"
"Moc dobře vím, že jsem hloupé stvoření"
„Es ist kein Zeichen von Torheit, so zu denken", antwortete die Schönheit
"To není známka pošetilosti si to myslet," odpověděla kráska
„Dann iss, Schönheit", sagte das Monster
"Tak jez, krásko," řekla příšera
„Versuchen Sie, sich in Ihrem Palast zu amüsieren"
"zkuste se zabavit ve svém paláci"
"alles hier gehört dir"
"všechno tady je tvoje"
„Und ich wäre sehr unruhig, wenn Sie nicht glücklich wären"
"A byl bych velmi neklidný, kdybys nebyl šťastný."
„Sie sind sehr zuvorkommend", antwortete die Schönheit
"Jsi velmi ochotný," odpověděla kráska
„Ich gebe zu, ich freue mich über Ihre Freundlichkeit"
"Přiznávám, že jsem potěšen vaší laskavostí"
„Und wenn ich über deine Freundlichkeit nachdenke, fallen mir deine Missbildungen kaum auf"
"a když uvážím tvou laskavost, sotva si všimnu tvých deformací"

„Ja, ja", sagte das Tier, „mein Herz ist gut
"Ano, ano," řekla bestie, "mé srdce je dobré
„Aber obwohl ich gut bin, bin ich immer noch ein Monster"
"ale i když jsem dobrý, jsem stále monstrum"
„Es gibt viele Männer, die diesen Namen mehr verdienen als Sie."
"Je mnoho mužů, kteří si toto jméno zaslouží víc než ty."
„und ich bevorzuge dich, so wie du bist"
"a mám tě radši takového, jaký jsi"
„und ich ziehe dich denen vor, die ein undankbares Herz verbergen"
"a mám tě radši než ty, kteří skrývají nevděčné srdce"
"Wenn ich nur etwas Verstand hätte", antwortete das Biest
"Kdybych tak měl trochu rozumu," odpovědělo zvíře
„Wenn ich vernünftig wäre, würde ich Ihnen als Dank ein schönes Kompliment machen"
"Kdybych měl rozum, udělal bych pěkný kompliment, abych ti poděkoval"
"aber ich bin so langweilig"
"ale já jsem tak tupý"
„Ich kann nur sagen, dass ich Ihnen zu großem Dank verpflichtet bin"
"Mohu jen říct, že jsem ti velmi zavázán"
Schönheit aß ein herzhaftes Abendessen
kráska snědla vydatnou večeři
und sie hatte ihre Angst vor dem Monster fast überwunden
a téměř porazila svůj strach z monstra
aber sie wollte ohnmächtig werden, als das Biest ihr die nächste Frage stellte
ale chtěla omdlít, když se jí bestie zeptala na další otázku
"Schönheit, willst du meine Frau werden?"
"Krásko, budeš moje žena?"
es dauerte eine Weile, bis sie antworten konnte
chvíli trvalo, než mohla odpovědět
weil sie Angst hatte, ihn wütend zu machen
protože se bála, že ho rozzlobí

Schließlich sagte sie jedoch "nein, Biest"
nakonec však řekla "ne, bestie"
sofort zischte das arme Monster ganz fürchterlich
okamžitě chudák netvor velmi děsivě zasyčel
und der ganze Palast hallte
a celý palác se rozléhal
aber die Schönheit erholte sich bald von ihrem Schrecken
ale krása se brzy vzpamatovala ze svého strachu
denn das Tier sprach wieder mit trauriger Stimme
protože bestie znovu promluvila truchlivým hlasem
„Dann leb wohl, Schönheit"
"tak sbohem, krásko"
und er drehte sich nur ab und zu um
a jen tu a tam se otočil
um sie anzusehen, als er hinausging
aby se na ni podíval, když vyšel ven
jetzt war die Schönheit wieder allein
teď byla krása zase sama
Sie empfand großes Mitgefühl
cítila velký soucit
„Ach, es ist tausendmal schade"
"Běda, je to tisíc lítosti"
„Etwas, das so gutmütig ist, sollte nicht so hässlich sein"
"nic tak dobré povahy by nemělo být tak ošklivé"
Schönheit verbrachte drei Monate sehr zufrieden im Palast
kráska strávila tři měsíce velmi spokojeně v paláci
jeden Abend stattete ihr das Biest einen Besuch ab
každý večer ji zvíře navštívilo
und sie redeten beim Abendessen
a povídali si během večeře
Sie sprachen mit gesundem Menschenverstand
mluvili zdravým rozumem
aber sie sprachen nicht mit dem, was man als geistreich bezeichnet
ale nemluvili s tím, čemu lidé říkají důvtip
Schönheit entdeckte immer einen wertvollen Charakter im

Biest
kráska vždy objevila nějakou cennou postavu ve zvířeti
und sie hatte sich an seine Missbildung gewöhnt
a na jeho deformaci si zvykla
sie fürchtete sich nicht mehr vor seinem Besuch
už se nebála času jeho návštěvy
jetzt schaute sie oft auf die Uhr
teď se často dívala na hodinky
und sie konnte es kaum erwarten, bis es neun Uhr war
a nemohla se dočkat, až bude devět hodin
denn das Tier kam immer zu dieser Stunde
protože šelma nikdy nezmeškala příchod v tu hodinu
Es gab nur eine Sache, die Schönheit betraf
krása se týkala jen jedné věci
jeden Abend, bevor sie ins Bett ging, stellte ihr das Biest die gleiche Frage
každou noc, než šla spát, se jí bestie zeptala na stejnou otázku
Das Monster fragte sie, ob sie seine Frau werden wolle
netvor se jí zeptal, jestli bude jeho manželkou
Eines Tages sagte sie zu ihm: „Biest, du machst mir große Sorgen."
jednoho dne mu řekla: "Besto, velmi mě zneklidňuješ"
„Ich wünschte, ich könnte einwilligen, dich zu heiraten"
"Kéž bych mohl souhlasit, abych si tě vzal"
„Aber ich bin zu aufrichtig, um dir zu glauben zu machen, dass ich dich heiraten würde"
"ale jsem příliš upřímný, abych tě donutil věřit, že bych si tě vzal"
„Unsere Ehe wird nie stattfinden"
"naše manželství nikdy nevznikne"
„Ich werde dich immer als Freund sehen"
"Vždy tě budu vidět jako přítele"
„Bitte versuchen Sie, damit zufrieden zu sein"
"zkuste se s tím prosím spokojit"
„Damit muss ich zufrieden sein", sagte das Tier
"Musím se s tím spokojit," řekla bestie

„Ich kenne mein eigenes Unglück"
"Znám své vlastní neštěstí"
„aber ich liebe dich mit der zärtlichsten Zuneigung"
"ale miluji tě tou nejněžnější náklonností"
„Ich sollte mich jedoch als glücklich betrachten"
"Nicméně bych se měl považovat za šťastného"
"und ich würde mich freuen, wenn du hier bleibst"
"A měl bych být rád, že tu zůstaneš"
„versprich mir, mich nie zu verlassen"
"slib mi, že mě nikdy neopustíš"
Schönheit errötete bei diesen Worten
krása se při těchto slovech začervenala
Eines Tages schaute die Schönheit in ihren Spiegel
jednoho dne se kráska dívala do zrcadla
ihr Vater hatte sich schreckliche Sorgen um sie gemacht
její otec měl o ni strach
sie sehnte sich mehr denn je danach, ihn wiederzusehen
toužila ho znovu vidět víc než kdy jindy
„Ich könnte versprechen, dich nie ganz zu verlassen"
"Mohl bych slíbit, že tě nikdy úplně neopustím"
„aber ich habe so ein großes Verlangen, meinen Vater zu sehen"
"Ale já mám tak velkou touhu vidět svého otce"
„Ich wäre unendlich verärgert, wenn Sie nein sagen würden"
"Byl bych neskutečně naštvaný, kdybys řekl ne"
"**Ich würde lieber selbst sterben**", **sagte das Monster**
"Raději jsem zemřel sám," řekl netvor
„Ich würde lieber sterben, als dir Unbehagen zu bereiten"
"Raději bych zemřel, než abych tě přiměl cítit neklid"
„Ich werde dich zu deinem Vater schicken"
"Pošlu tě k tvému otci"
„Du sollst bei ihm bleiben"
"zůstaneš s ním"
"**und dieses unglückliche Tier wird stattdessen vor Kummer sterben**"

"a toto nešťastné zvíře místo toho zemře žalem"
"Nein", sagte die Schönheit weinend
"Ne," řekla kráska a plakala
„Ich liebe dich zu sehr, um die Ursache deines Todes zu sein"
"Miluji tě příliš moc na to, abych byl příčinou tvé smrti"
„Ich verspreche Ihnen, in einer Woche wiederzukommen"
"Slibuji ti, že se vrátím za týden."
„Du hast mir gezeigt, dass meine Schwestern verheiratet sind"
"Ukázal jsi mi, že mé sestry jsou vdané"
„und meine Brüder sind zur Armee gegangen"
"a moji bratři šli do armády"
"Lass mich eine Woche bei meinem Vater bleiben, da er allein ist"
"nech mě zůstat týden se svým otcem, protože je sám"
"Morgen früh wirst du dort sein", sagte das Tier
"Budeš tam zítra ráno," řekla bestie
„Aber denk an dein Versprechen"
"ale pamatuj si svůj slib"
„Sie brauchen Ihren Ring nur auf den Tisch zu legen, bevor Sie zu Bett gehen."
"Než půjdete spát, stačí položit prsten na stůl."
"Und dann werdet ihr vor dem Morgen zurückgebracht"
"a pak tě před ránem přivedou zpátky"
„Lebe wohl, liebe Schönheit", seufzte das Tier
"Sbohem drahá krásko," povzdechla si bestie
Die Schönheit ging an diesem Abend sehr traurig ins Bett
kráska šla té noci spát velmi smutná
weil sie das Tier nicht so besorgt sehen wollte
protože nechtěla vidět bestii tak ustaranou
am nächsten Morgen fand sie sich im Haus ihres Vaters wieder
druhý den ráno se ocitla v domě svého otce
sie läutete eine kleine Glocke neben ihrem Bett
zazvonila na zvoneček u její postele

und das Dienstmädchen stieß einen lauten Schrei aus
a služebná hlasitě zaječela
und ihr Vater rannte nach oben
a její otec vyběhl nahoru
er dachte, er würde vor Freude sterben
myslel si, že umře radostí
er hielt sie eine Viertelstunde lang in seinen Armen
držel ji v náručí čtvrt hodiny
irgendwann waren die ersten Grüße vorbei
nakonec první pozdravy skončily
Schönheit begann daran zu denken, aus dem Bett zu steigen
kráska začala myslet na to, že vstane z postele
aber sie merkte, dass sie keine Kleidung mitgebracht hatte
ale uvědomila si, že si nepřinesla žádné oblečení
aber das Dienstmädchen sagte ihr, sie habe eine Kiste gefunden
ale služebná jí řekla, že našla krabici
der große Koffer war voller Kleider und Kleider
velký kufr byl plný rób a šatů
jedes Kleid war mit Gold und Diamanten bedeckt
každá róba byla pokryta zlatem a diamanty
Schönheit dankte dem Tier für seine freundliche Pflege
kráska děkovala zvíře za jeho laskavou péči
und sie nahm eines der schlichtesten Kleider
a vzala si jedny z nejprostších šatů
Die anderen Kleider wollte sie ihren Schwestern schenken
ostatní šaty hodlala dát svým sestrám
aber bei diesem Gedanken verschwand die Kleidertruhe
ale při té myšlence truhla s oblečením zmizela
Das Biest hatte darauf bestanden, dass die Kleidung nur für sie sei
bestie trvala na tom, že šaty jsou jen pro ni
ihr Vater sagte ihr, dass dies der Fall sei
její otec jí řekl, že to tak bylo
und sofort kam die Kleidertruhe wieder zurück
a hned se zase vrátil kufr oblečení

Schönheit kleidete sich mit ihren neuen Kleidern
kráska se oblékla do nových šatů
und in der Zwischenzeit gingen die Mägde los, um ihre Schwestern zu finden
a mezitím služky šly najít své sestry
Ihre beiden Schwestern waren mit ihren Ehemännern
obě její sestry byly se svými manžely
aber ihre beiden Schwestern waren sehr unglücklich
ale obě její sestry byly velmi nešťastné
Ihre älteste Schwester hatte einen sehr gutaussehenden Herrn geheiratet
její nejstarší sestra se provdala za velmi pohledného gentlemana
aber er war so selbstgefällig, dass er seine Frau vernachlässigte
ale měl se tak rád, že svou ženu zanedbával
Ihre zweite Schwester hatte einen geistreichen Mann geheiratet
její druhá sestra se provdala za vtipného muže
aber er nutzte seinen Witz, um die Leute zu quälen
ale svůj důvtip používal k mučení lidí
und am meisten quälte er seine Frau
a svou ženu trápil ze všeho nejvíc
Die Schwestern der Schönheit sahen sie wie eine Prinzessin gekleidet
sestry krásy ji viděly oblečenou jako princeznu
und sie waren krank vor Neid
a byli nemocní závistí
jetzt war sie schöner als je zuvor
teď byla krásnější než kdy jindy
ihr liebevolles Verhalten konnte ihre Eifersucht nicht unterdrücken
její láskyplné chování nemohlo potlačit jejich žárlivost
Sie erzählte ihnen, wie glücklich sie mit dem Tier war
řekla jim, jak je s tou bestií šťastná
und ihre Eifersucht war kurz vor dem Platzen

a jejich žárlivost byla připravena k prasknutí
Sie gingen in den Garten, um über ihr Unglück zu weinen
Šli dolů do zahrady plakat nad svým neštěstím
„Inwiefern ist dieses kleine Geschöpf besser als wir?"
"V čem je to malé stvoření lepší než my?"
„Warum sollte sie so viel glücklicher sein?"
"Proč by měla být o tolik šťastnější?"
„Schwester", sagte die ältere Schwester
"Sestro," řekla starší sestra
„Mir ist gerade ein Gedanke gekommen"
"Právě mě napadla myšlenka"
„Versuchen wir, sie länger als eine Woche hier zu behalten"
"zkusme ji tu udržet déle než týden"
„Vielleicht macht das das dumme Monster wütend"
"možná to rozzuří to hloupé monstrum"
„weil sie ihr Wort gebrochen hätte"
"protože by porušila slovo"
"und dann könnte er sie verschlingen"
"a pak by ji mohl pohltit"
"Das ist eine tolle Idee", antwortete die andere Schwester
"To je skvělý nápad," odpověděla druhá sestra
„Wir müssen ihr so viel Freundlichkeit wie möglich entgegenbringen"
"Musíme jí prokázat co nejvíce laskavosti"
Die Schwestern fassten den Entschluss
sestry si toto předsevzali
und sie verhielten sich sehr liebevoll gegenüber ihrer Schwester
a ke své sestře se chovali velmi láskyplně
Die arme Schönheit weinte vor Freude über all ihre Freundlichkeit
ubohá kráska plakala radostí z vší jejich laskavosti
Als die Woche um war, weinten sie und rauften sich die Haare
když týden vypršel, plakali a rvali si vlasy
es schien ihnen so leid zu tun, sich von ihr zu trennen

zdálo se, že je jim líto se s ní rozloučit
und die Schönheit versprach, noch eine Woche länger zu bleiben
a kráska slíbila, že zůstane o týden déle
In der Zwischenzeit konnte die Schönheit nicht umhin, über sich selbst nachzudenken
Kráska se mezitím nemohla ubránit reflexi sama sebe
sie machte sich Sorgen darüber, was sie dem armen Tier antat
dělala si starosti, co dělá nebohému zvířeti
Sie wusste, dass sie ihn aufrichtig liebte
ví, že ho upřímně milovala
und sie sehnte sich wirklich danach, ihn wiederzusehen
a opravdu toužila ho znovu vidět
Auch die zehnte Nacht verbrachte sie bei ihrem Vater
desátou noc strávila také u svého otce
sie träumte, sie sei im Schlossgarten
zdálo se jí, že je v palácové zahradě
und sie träumte, sie sähe das Tier ausgestreckt im Gras liegen
a zdálo se jí, že viděla šelmu roztaženou na trávě
er schien ihr mit sterbender Stimme Vorwürfe zu machen
zdálo se, že ji vyčítal umírajícím hlasem
und er warf ihr Undankbarkeit vor
a obvinil ji z nevděku
Schönheit erwachte aus ihrem Schlaf
kráska se probudila ze spánku
und sie brach in Tränen aus
a propukla v pláč
„Bin ich nicht sehr böse?"
"Nejsem moc zlý?"
„War es nicht grausam von mir, so unfreundlich gegenüber dem Tier zu sein?"
"Nebylo to ode mě kruté, chovat se tak nelaskavě k té bestii?"
„Das Biest hat alles getan, um mir zu gefallen"
"zvíře udělalo vše, aby mě potěšilo"

"Ist es seine Schuld, dass er so hässlich ist?"
"Je to jeho chyba, že je tak ošklivý?"
„Ist es seine Schuld, dass er so wenig Verstand hat?"
"Je to jeho chyba, že má tak málo důvtipu?"
„Er ist freundlich und gut, und das genügt"
"Je laskavý a dobrý, a to stačí"
„Warum habe ich mich geweigert, ihn zu heiraten?"
"Proč jsem si ho odmítla vzít?"
„Ich sollte mit dem Monster glücklich sein"
"Měl bych být šťastný s tou příšerou"
„Schau dir die Männer meiner Schwestern an"
"Podívejte se na manžele mých sester"
„Weder Witz noch Schönheit machen sie gut"
"ani důvtip, ani krásná bytost je nedělá dobrými"
„Keiner ihrer Ehemänner macht sie glücklich"
"žádný z jejich manželů je nedělá šťastnými"
„sondern Tugend, Sanftmut und Geduld"
"ale ctnost, sladkost nálady a trpělivost"
„Diese Dinge machen eine Frau glücklich"
"tyto věci dělají ženu šťastnou"
„und das Tier hat all diese wertvollen Eigenschaften"
"a zvíře má všechny tyto cenné vlastnosti"
„es ist wahr, ich empfinde keine Zärtlichkeit und Zuneigung für ihn"
"Je to pravda; necítím k němu něhu náklonnosti"
„aber ich empfinde für ihn die allergrößte Dankbarkeit"
"ale zjišťuji, že za něj mám největší vděčnost"
„und ich habe die höchste Wertschätzung für ihn"
"a velmi si ho vážím"
"und er ist mein bester Freund"
"a je to můj nejlepší přítel"
„Ich werde ihn nicht unglücklich machen"
"Neudělám ho nešťastným"
„Wenn ich so undankbar wäre, würde ich mir das nie verzeihen"
"Kdybych byl tak nevděčný, nikdy bych si to neodpustil"

Schönheit legte ihren Ring auf den Tisch
kráska položila prsten na stůl
und sie ging wieder zu Bett
a šla zase spát
kaum war sie im Bett, da schlief sie ein
sotva byla v posteli, než usnula
Sie wachte am nächsten Morgen wieder auf
druhý den ráno se znovu probudila
und sie war überglücklich, sich im Palast des Tieres wiederzufinden
a byla nesmírně šťastná, že se ocitla v paláci šelmy
Sie zog eines ihrer schönsten Kleider an, um ihm zu gefallen
oblékla si jedny ze svých nejhezčích šatů, aby ho potěšila
und sie wartete geduldig auf den Abend
a trpělivě čekala na večer
kam die ersehnte Stunde
přišla vytoužená hodina
die Uhr schlug neun, doch kein Tier erschien
hodiny odbily devět, přesto se neobjevila žádná šelma
Schönheit befürchtete dann, sie sei die Ursache seines Todes gewesen
kráska se tehdy bála, že byla příčinou jeho smrti
Sie rannte weinend durch den ganzen Palast
běhala s pláčem po celém paláci
nachdem sie ihn überall gesucht hatte, erinnerte sie sich an ihren Traum
poté, co ho všude hledala, vzpomněla si na svůj sen
und sie rannte zum Kanal im Garten
a běžela ke kanálu v zahradě
Dort fand sie das arme Tier ausgestreckt
tam našla ubohou šelmu nataženou
und sie war sicher, dass sie ihn getötet hatte
a byla si jistá, že ho zabila
sie warf sich ohne Furcht auf ihn
vrhla se na něj beze strachu
sein Herz schlug noch

jeho srdce stále tlouklo
sie holte etwas Wasser aus dem Kanal
nabrala trochu vody z kanálu
und sie goss das Wasser über seinen Kopf
a vylila mu vodu na hlavu
Das Tier öffnete seine Augen und sprach mit der Schönheit
zvíře otevřelo oči a promluvilo ke kráse
„Du hast dein Versprechen vergessen"
"Zapomněl jsi na svůj slib"
„Es hat mir das Herz gebrochen, dich verloren zu haben"
"Bylo mi tak zlomené srdce, že jsem tě ztratil"
„Ich beschloss, zu hungern"
"Rozhodl jsem se hladovět"
„aber ich habe das Glück, Sie wiederzusehen"
"ale mám to štěstí tě ještě jednou vidět"
„so habe ich das Vergnügen, zufrieden zu sterben"
"takže mám to potěšení zemřít spokojený"
„Nein, liebes Tier", sagte die Schönheit, „du darfst nicht sterben"
"Ne, drahé zvíře," řekla kráska, "nesmíš zemřít"
„Lebe, um mein Ehemann zu sein"
"Žít jako můj manžel"
„Von diesem Augenblick an reiche ich dir meine Hand"
"od této chvíle ti podávám ruku"
„und ich schwöre, niemand anderes als Dein zu sein"
"a přísahám, že nebudu nikdo jiný než tvůj"
„Ach! Ich dachte, ich hätte nur Freundschaft für dich."
"Běda! Myslel jsem, že pro tebe mám jen přátelství."
"aber der Kummer, den ich jetzt fühle, überzeugt mich;"
"ale smutek, který teď cítím, mě přesvědčuje."
„Ich kann nicht ohne dich leben"
"Nemohu bez tebe žít"
Schönheit hatte diese Worte kaum gesagt, als sie ein Licht sah
kráska sotva řekla tato slova, když spatřila světlo
der Palast funkelte im Licht

palác zářil světlem
Feuerwerk erleuchtete den Himmel
ohňostroj rozzářil oblohu
und die Luft erfüllt mit Musik
a vzduch plný hudby
alles kündigte ein großes Ereignis an
vše upozorňovalo na nějakou velkou událost
aber nichts konnte ihre Aufmerksamkeit fesseln
ale nic nemohlo udržet její pozornost
sie wandte sich ihrem lieben Tier zu
obrátila se ke svému drahému zvířeti
das Tier, vor dem sie vor Angst zitterte
šelma, o kterou se třásla strachem
aber ihre Überraschung über das, was sie sah, war groß!
ale její překvapení bylo velké, co viděla!
das Tier war verschwunden
bestie zmizela
stattdessen sah sie den schönsten Prinzen
místo toho viděla toho nejkrásnějšího prince
sie hatte den Zauber beendet
ukončila kouzlo
ein Zauber, unter dem er einem Tier ähnelte
kouzlo, pod kterým připomínal šelmu
dieser Prinz war all ihre Aufmerksamkeit wert
tento princ byl hoden veškeré její pozornosti
aber sie konnte nicht anders und musste fragen, wo das Biest war
ale nemohla se nezeptat, kde ta šelma je
„Du siehst ihn zu deinen Füßen", sagte der Prinz
"Vidíš ho u svých nohou," řekl princ
„Eine böse Fee hatte mich verdammt"
"Zlá víla mě odsoudila"
„Ich sollte diese Gestalt behalten, bis eine wunderschöne Prinzessin einwilligte, mich zu heiraten."
"Měl jsem zůstat v této podobě, dokud krásná princezna souhlasila, že si mě vezme."

„Die Fee hat mein Verständnis verborgen"
"Víla skryla mé porozumění"
„Du warst der Einzige, der großzügig genug war, um von meiner guten Laune bezaubert zu sein."
"Byl jsi jediný dostatečně velkorysý na to, aby tě okouzlila dobrota mé povahy"
Schönheit war angenehm überrascht
kráska byla šťastně překvapena
und sie gab dem bezaubernden Prinzen ihre Hand
a podala okouzlujícímu princi ruku
Sie gingen zusammen ins Schloss
šli spolu do hradu
und die Schöne war überglücklich, ihren Vater im Schloss zu finden
a kráska byla nadšená, když našla svého otce na hradě
und ihre ganze Familie war auch da
a byla tam i celá její rodina
sogar die schöne Dame, die in ihrem Traum erschienen war, war da
dokonce tam byla i ta krásná dáma, která se jí objevila ve snu
"Schönheit", sagte die Dame aus dem Traum
"krása," řekla paní ze snu
„Komm und empfange deine Belohnung"
"přijďte a získejte svou odměnu"
„Sie haben die Tugend dem Witz oder dem Aussehen vorgezogen"
"dal jsi přednost ctnosti před vtipem nebo vzhledem"
„und Sie verdienen jemanden, in dem diese Eigenschaften vereint sind"
"a zasloužíš si někoho, v kom jsou tyto vlastnosti sjednoceny"
„Du wirst eine großartige Königin sein"
"budeš velká královna"
„Ich hoffe, der Thron wird deine Tugend nicht schmälern"
"Doufám, že trůn nezmenší tvou ctnost"
Dann wandte sich die Fee an die beiden Schwestern
pak se víla obrátila k oběma sestrám

„Ich habe in eure Herzen geblickt"
"Viděl jsem uvnitř tvých srdcí"
„und ich kenne die ganze Bosheit, die in euren Herzen steckt"
"A já vím všechnu zlobu, kterou tvé srdce obsahuje"
„Ihr beide werdet zu Statuen"
"vy dva se stanete sochami"
„Aber ihr werdet euren Verstand bewahren"
"ale zachováš si mysl"
„Du sollst vor den Toren des Palastes deiner Schwester stehen"
"budeš stát u bran paláce své sestry"
„Das Glück deiner Schwester soll deine Strafe sein"
"Štěstí tvé sestry bude tvým trestem"
„Sie werden nicht in Ihren früheren Zustand zurückkehren können"
"nebudeš se moci vrátit do svých bývalých států"
„es sei denn, Sie beide geben Ihre Fehler zu"
"pokud oba nepřiznáte své chyby"
„Aber ich sehe voraus, dass ihr immer Statuen bleiben werdet"
"Ale předvídám, že vždy zůstanete sochami"
„Stolz, Zorn, Völlerei und Faulheit werden manchmal besiegt"
"pýcha, hněv, obžerství a lenost jsou někdy poraženy"
„aber die Bekehrung neidischer und böswilliger Gemüter sind Wunder"
" ale obrácení závistivých a zlomyslných myslí jsou zázraky"
sofort strich die Fee mit ihrem Zauberstab
víla okamžitě pohladila hůlkou
und im nächsten Augenblick waren alle im Saal entrückt
a za chvíli byli všichni, co byli v hale, transportováni
Sie waren in die Herrschaftsgebiete des Fürsten eingedrungen
odešli do princova panství
die Untertanen des Prinzen empfingen ihn mit Freude

knížete poddaní přijali s radostí
der Priester heiratete die Schöne und das Biest
kněz se oženil s kráskou a zvířetem
und er lebte viele Jahre mit ihr
a žil s ní mnoho let
und ihr Glück war vollkommen
a jejich štěstí bylo úplné
weil ihr Glück auf Tugend beruhte
protože jejich štěstí bylo založeno na ctnosti

Das Ende
Konec

www.tranzlaty.com

www.ingramcontent.com/pod-product-compliance
Lightning Source LLC
Chambersburg PA
CBHW011552070526
44585CB00023B/2572